中华人民共和国耕地占用税法
中华人民共和国车辆购置税法

中国法制出版社

目　　录

中华人民共和国主席令

第十八号

《中华人民共和国耕地占用税法》已由中华人民共和国第十三届全国人民代表大会常务委员会第七次会议于2018年12月29日通过，现予公布，自2019年9月1日起施行。

中华人民共和国主席　习近平

2018年12月29日

中华人民共和国耕地占用税法

（2018年12月29日第十三届全国人民代表大会常务委员会第七次会议通过）

第一条 为了合理利用土地资源，加强土地管理，保护耕地，制定本法。

第二条 在中华人民共和国境内占用耕地建设建筑物、构筑物或者从事非农业建设的单位和个人，为耕地占用税的纳税人，应当依照本法规定缴纳耕地占用税。

占用耕地建设农田水利设施的，不缴纳耕地占用税。

本法所称耕地，是指用于种植农作物的土地。

第三条 耕地占用税以纳税人实际占用的耕地面积为计税依据，按照规定的适用税额一次性征收，应纳税额为纳税人实际占用的耕地面积（平方米）乘以适用税额。

第四条 耕地占用税的税额如下：

（一）人均耕地不超过一亩的地区（以县、自治县、不设区的市、市辖区为单位，下同），每平方米为十元至五十元；

（二）人均耕地超过一亩但不超过二亩的地区，每平方米为八元至四十元；

（三）人均耕地超过二亩但不超过三亩的地区，每平方米为六元至三十元；

（四）人均耕地超过三亩的地区，每平方米为五元至二十五元。

各地区耕地占用税的适用税额，由省、自治区、直辖市人民政府根据人均耕地面积和经济发展等情况，在前款规定的税额幅度内提出，报同级人民代表大会常务委员会决定，并报全国人民代表大会常务委员会和国务院备案。各省、自治区、直辖市耕地占用税适用税额的平均水平，不得低于本法所附《各省、自治区、直辖市耕地占用税平均税额表》规定的平均税额。

第五条 在人均耕地低于零点五亩的地区，省、自治区、直辖市可以根据当地经济发展情况，适当提高耕地占用税的适用税额，但提高的部分不得超过本法第四条第二款确定的适用税额的百分之五十。具体适用税额按照本法第四条第二款规定的程序确定。

第六条 占用基本农田的，应当按照本法第四条第二款或者第五条确定的当地适用税额，加按百分之一百五十征收。

第七条 军事设施、学校、幼儿园、社会福利机构、医疗机构占用耕地，免征耕地占用税。

铁路线路、公路线路、飞机场跑道、停机坪、港口、航道、水利工程占用耕地，减按每平方米二元的税额征收耕地占用税。

农村居民在规定用地标准以内占用耕地新建自用住宅，按照当地适用税额减半征收耕地占用税；其中农村居民经批准搬迁，新建自用住宅占用耕地不超过原宅基地面积的部分，免征耕地占用税。

农村烈士遗属、因公牺牲军人遗属、残疾军人以及符合农村最低生活保障条件的农村居民，在规定用地标准以内新建自用住宅，免征耕地占用税。

根据国民经济和社会发展的需要，国务院可以规定免征或者减征耕地占用税的其他情形，报全国人民代表大会常务委员会备案。

第八条 依照本法第七条第一款、第二款规定免征或者减征耕地占用税后，纳税人改变原占地用途，不再属于免征或者减征耕地占用税情形的，应当按照当地适用税额补缴耕地占用税。

第九条 耕地占用税由税务机关负责征收。

第十条 耕地占用税的纳税义务发生时间为纳税人收到自然资源主管部门办理占用耕地手续的书面通知的当日。纳税人应当自纳税义务发生之日起三十日内申报缴纳耕地占用税。

自然资源主管部门凭耕地占用税完税凭证或者免税凭证和其他有关文件发放建设用地批准书。

第十一条 纳税人因建设项目施工或者地质勘查临时占用耕地，应当依照本法的规定缴纳耕地占用税。纳税人在批准临时占用耕地期满之日起一年内依法复垦，恢复种植条件的，全额退还已经缴纳的耕地占用税。

第十二条 占用园地、林地、草地、农田水利用地、养殖水面、渔业水域滩涂以及其他农用地建设建筑物、构筑物或者从事非农业建设的，依照本法的规定缴纳耕地占用税。

占用前款规定的农用地的，适用税额可以适当低于本地区按照本法第四条第二款确定的适用税额，但降低的部分不得超过百分之五十。具体适用税额由省、自治区、直辖市人民政府提出，报同级人民代表大会常务委员会决定，并报全国人民代表大会常务委员会和国务院备案。

占用本条第一款规定的农用地建设直接为农业生产服务的生产设施的，不缴纳耕地占用税。

第十三条 税务机关应当与相关部门建立耕地占用税涉税信息共享机制和工作配合机制。县级以上地方人民政府自然资源、农业农村、水利等相关部门应当定期向税务机关提供农用地转用、临时占地等信息，协助税务机关加强耕地占用税征收管理。

税务机关发现纳税人的纳税申报数据资料异常或者纳税人未按照规定期限申报纳税的，可以提请相关部门进行复核，相关部门应当自收到税务机关复核申请之日起三十日内向税务机关出具复核意见。

第十四条 耕地占用税的征收管理，依照本法和《中华人民共和国税收征收管理法》的规定执行。

第十五条 纳税人、税务机关及其工作人员违反本法规定的，依照《中华人民共和国税收征收管理法》和有关法律法规的规定追究法律责任。

第十六条 本法自 2019 年 9 月 1 日起施行。2007 年 12 月 1 日国务院公布的《中华人民共和国耕地占用税暂行条例》同时废止。

附：

各省、自治区、直辖市耕地占用税平均税额表

省、自治区、直辖市	平均税额（元/平方米）
上海	45
北京	40
天津	35
江苏、浙江、福建、广东	30
辽宁、湖北、湖南	25
河北、安徽、江西、山东、河南、重庆、四川	22.5
广西、海南、贵州、云南、陕西	20
山西、吉林、黑龙江	17.5
内蒙古、西藏、甘肃、青海、宁夏、新疆	12.5

关于《中华人民共和国耕地占用税法（草案）》的说明

——2018 年 8 月 27 日在第十三届全国人民代表大会常务委员会第五次会议上

财政部部长　刘　昆

委员长、各位副委员长、秘书长、各位委员：

我受国务院委托，现对《中华人民共和国耕地占用税法（草案）》作说明。

1987 年 4 月，国务院发布《中华人民共和国耕地占用税暂行条例》，对占用耕地建房或者从事非农业建设的单位和个人征收耕地占用税。为了进一步加大耕地保护力度，2007 年 12 月，国务院公布了新的《中华人民共和国耕地占用税暂行条例》（以下简称《暂行条例》），提高了税额标准，统一了内外资企业税负水平，进一步从严控制减免税，规范了征收管理。《暂行条例》施行以来，耕地占用税运行比较平稳。2008 年至 2017 年，全国累计征收耕地占用税 14177 亿元，年均征收 1418 亿元，其中 2017 年征收 1652 亿元。耕地占用税对促进合理利用土地资源、加大耕地保护力度发挥着重要作用。

《中共中央关于全面深化改革若干重大问题的决定》提出“落实税收法定原则”，制定耕地占用税法是重要任务之一，列入《全国人大常委会 2018 年立法工作计划》和《国务院 2018 年立法工作计划》。为贯彻落实党中央、国务院决策部署，财政部、税务总局、司法部等部门在《暂行条例》的基础上，经征求发展改革委、自然资源部、农业农村部等 54 个有关部门和单位以及地方人民政府、有关企业和社会团体等方面的意见，并公开向社会征求意见，起草形成了《中华人民共和国耕地占用税法（草案）》（以下简称草案）。草案已经国务院同意。现说明如下：

一、立法的总体考虑

从实际情况看，耕地占用税税制要素基本合理，运行比较平稳，可按照税制平移思路，保持现行税制框架和税负水平总体不变，将《暂行条例》上升为法律。同时，根据实际情况，对个别征税事项作相应调整。

二、草案的主要内容

（一）关于纳税人和征税范围。

草案规定：占用耕地建房或者从事非农业建设的单位和个人为耕地占用税的纳税人，依法缴纳耕地占用税，占用耕地建设农田水利设施不缴纳耕地占用税；临时占用耕地应缴纳耕地占用税，但纳税人在批准临时占用耕地期满之日起1年内恢复种植条件的，全额退还已缴纳税款；占用园地、林地、草地、农田水利用地、养殖水面、渔业水域滩涂以及其他农用地建房或者从事非农业建设的，比照本法的规定征收耕地占用税。

（二）关于计税依据、征收方式和应纳税额。

草案规定，耕地占用税以纳税人实际占用的耕地面积为计税依据，按照规定的适用税额一次性征收，应纳税额为纳税人实际占用的耕地面积（平方米）乘以适用税额。

（三）关于税额。

草案以各地区（以县级行政区域为单位）人均耕地面积为依据，分别规定了各地区每平方米耕地的差别化税额，分为10至50元、8至40元、6至30元、5至25元四个档次；各地区耕地占用税的适用税额由省、自治区、直辖市人民政府在上述税额幅度内提出，报同级人大常委会决定，并报全国人大常委会和国务院备案。为适当平衡各地税负，草案规定国务院根据人均耕地面积和经济发展等情况，确定各省、自治区、直辖市耕地占用税的平均税额，各省、自治区、直辖市适用税额的平均水平不得低于国务院规定的平均税额。经济发达且人均耕地特别少的地区，适用税额可以提高不超过50%；占用基本农田的，适用税额应当在相应基础上提高50%。

（四）关于税收减免。

草案规定了四类减免耕地占用税的情形：一是

军事设施、学校、幼儿园、社会福利机构、医疗机构占用耕地免税。二是铁路线路、公路线路、飞机场跑道、停机坪、港口、航道、水利工程占用耕地，减按每平方米2元的税额征收。三是农村居民在规定用地标准以内占用耕地新建自用住宅，按照当地适用税额减半征收；农村烈士遗属、因公牺牲军人遗属、残疾军人以及生活困难的农村居民，在规定用地标准以内新建自用住宅缴纳耕地占用税确有困难的，予以免征。四是农村居民经批准搬迁，新建自用住宅占用耕地不超过原宅基地面积的免税；超过原宅基地面积的，对超过部分按照当地适用税额减半征收。为更好适应实际需要、便于相机调控，同时体现税收法定原则的要求，草案规定国务院可以规定其他免征或者减征耕地占用税的情形，但应当报全国人大常委会备案。

（五）关于纳税义务发生时间和申报缴纳期限。

草案规定，耕地占用税的纳税义务发生时间为纳税人收到自然资源主管部门办理占用耕地手续的书面通知的当日，纳税人应当自纳税义务发生之日起 30 日内申报缴纳耕地占用税。

此外，草案还对税务机关与相关部门建立耕地占用税涉税信息共享机制和工作配合机制等税收征管事项作了规定。

《中华人民共和国耕地占用税法（草案）》和以上说明是否妥当，请审议。

中华人民共和国主席令

第十九号

《中华人民共和国车辆购置税法》已由中华人民共和国第十三届全国人民代表大会常务委员会第七次会议于2018年12月29日通过，现予公布，自2019年7月1日起施行。

中华人民共和国主席　习近平

2018年12月29日

中华人民共和国车辆购置税法

（2018 年 12 月 29 日第十三届全国人民代表大会常务委员会第七次会议通过）

第一条 在中华人民共和国境内购置汽车、有轨电车、汽车挂车、排气量超过一百五十毫升的摩托车（以下统称应税车辆）的单位和个人，为车辆购置税的纳税人，应当依照本法规定缴纳车辆购置税。

第二条 本法所称购置，是指以购买、进口、自产、受赠、获奖或者其他方式取得并自用应税车辆的行为。

第三条 车辆购置税实行一次性征收。购置已征车辆购置税的车辆，不再征收车辆购置税。

第四条 车辆购置税的税率为百分之十。

第五条　车辆购置税的应纳税额按照应税车辆的计税价格乘以税率计算。

第六条　应税车辆的计税价格，按照下列规定确定：

（一）纳税人购买自用应税车辆的计税价格，为纳税人实际支付给销售者的全部价款，不包括增值税税款；

（二）纳税人进口自用应税车辆的计税价格，为关税完税价格加上关税和消费税；

（三）纳税人自产自用应税车辆的计税价格，按照纳税人生产的同类应税车辆的销售价格确定，不包括增值税税款；

（四）纳税人以受赠、获奖或者其他方式取得自用应税车辆的计税价格，按照购置应税车辆时相关凭证载明的价格确定，不包括增值税税款。

第七条　纳税人申报的应税车辆计税价格明显偏低，又无正当理由的，由税务机关依照《中华人民共和国税收征收管理法》的规定核定其应纳税额。

第八条 纳税人以外汇结算应税车辆价款的，按照申报纳税之日的人民币汇率中间价折合成人民币计算缴纳税款。

第九条 下列车辆免征车辆购置税：

（一）依照法律规定应当予以免税的外国驻华使馆、领事馆和国际组织驻华机构及其有关人员自用的车辆；

（二）中国人民解放军和中国人民武装警察部队列入装备订货计划的车辆；

（三）悬挂应急救援专用号牌的国家综合性消防救援车辆；

（四）设有固定装置的非运输专用作业车辆；

（五）城市公交企业购置的公共汽电车辆。

根据国民经济和社会发展的需要，国务院可以规定减征或者其他免征车辆购置税的情形，报全国人民代表大会常务委员会备案。

第十条 车辆购置税由税务机关负责征收。

第十一条 纳税人购置应税车辆，应当向车辆登记地的主管税务机关申报缴纳车辆购置税；购置不需要办理车辆登记的应税车辆的，应当向纳税人所在地的主管税务机关申报缴纳车辆购置税。

第十二条 车辆购置税的纳税义务发生时间为纳税人购置应税车辆的当日。纳税人应当自纳税义务发生之日起六十日内申报缴纳车辆购置税。

第十三条 纳税人应当在向公安机关交通管理部门办理车辆注册登记前，缴纳车辆购置税。

公安机关交通管理部门办理车辆注册登记，应当根据税务机关提供的应税车辆完税或者免税电子信息对纳税人申请登记的车辆信息进行核对，核对无误后依法办理车辆注册登记。

第十四条 免税、减税车辆因转让、改变用途等原因不再属于免税、减税范围的，纳税人应当在办理车辆转移登记或者变更登记前缴纳车辆购置税。计税价格以免税、减税车辆初次办理纳税申报时确定的计税价格为基准，每满一年扣减百分之十。

第十五条 纳税人将已征车辆购置税的车辆退回车辆生产企业或者销售企业的，可以向主管税务机关申请退还车辆购置税。退税额以已缴税款为基准，自缴纳税款之日至申请退税之日，每满一年扣减百分之十。

第十六条 税务机关和公安、商务、海关、工业和信息化等部门应当建立应税车辆信息共享和工作配合机制，及时交换应税车辆和纳税信息资料。

第十七条 车辆购置税的征收管理，依照本法和《中华人民共和国税收征收管理法》的规定执行。

第十八条 纳税人、税务机关及其工作人员违反本法规定的，依照《中华人民共和国税收征收管理法》和有关法律法规的规定追究法律责任。

第十九条 本法自 2019 年 7 月 1 日起施行。2000 年 10 月 22 日国务院公布的《中华人民共和国车辆购置税暂行条例》同时废止。

关于《中华人民共和国车辆购置税法（草案）》的说明

——2018年8月27日在第十三届全国人民代表大会常务委员会第五次会议上

财政部部长　刘　昆

委员长、各位副委员长、秘书长、各位委员：

我受国务院委托，现对《中华人民共和国车辆购置税法（草案）》作说明。

2000年10月，国务院公布《中华人民共和国车辆购置税暂行条例》（以下简称《暂行条例》），规定自2001年1月1日起，对购置汽车、摩托车等车辆的单位和个人征收车辆购置税。车辆购置税实行从价计征，税率为10%。《暂行条例》施行以来，车辆购置税运行比较平稳。2001年至2017

年，全国累计征收车辆购置税26214亿元，年均增长17%，其中2017年征收车辆购置税3281亿元。车辆购置税对组织财政收入、促进交通基础设施建设以及引导汽车产业健康发展，发挥着重要作用。

《中共中央关于全面深化改革若干重大问题的决定》提出“落实税收法定原则”，制定车辆购置税法是重要任务之一，列入《全国人大常委会2018年立法工作计划》和《国务院2018年立法工作计划》。为贯彻落实党中央、国务院决策部署，财政部、税务总局、司法部等部门在《暂行条例》的基础上，经征求发展改革委、公安部、交通运输部等26个有关部门和单位以及地方人民政府、有关企业和社会团体等方面的意见，并公开向社会征求意见，起草形成了《中华人民共和国车辆购置税法（草案）》（以下简称草案）。草案已经国务院同意。现说明如下：

一、立法的总体考虑

从实际情况看，车辆购置税税制要素基本合

理，运行比较平稳，可按照税制平移思路，保持现行税制框架和税负水平总体不变，将《暂行条例》上升为法律。同时，根据实际情况，对个别征税事项作相应调整。

二、草案的主要内容

（一）关于纳税人和应税车辆范围。

草案规定：在中华人民共和国境内购置汽车、排气量超过150毫升的摩托车、有轨电车、挂车（以下统称应税车辆）的单位和个人，为车辆购置税的纳税人；购置是指以购买、进口、自产、受赠、获奖或者其他方式取得并自用应税车辆的行为。

（二）关于征收方式和税率。

草案规定：车辆购置税实行一次征收制度，购置已征车辆购置税的车辆，不再征收车辆购置税；车辆购置税的税率为10%，与现行税率一致。

（三）关于应纳税额和计税价格的确定。

草案规定，车辆购置税的应纳税额按照应税车辆的计税价格乘以税率计算，并分别规定了纳税人以购买、进口、自产、受赠、获奖或者其他方式取得自用应税车辆计税价格的确定方法。为防止纳税人虚假申报、偷逃税款，草案规定，纳税人申报的应税车辆计税价格明显偏低又无正当理由的，由税务机关依照税收征收管理法的规定核定其应纳税额。

（四）关于税收减免。

草案规定了四种免税情形，包括：依照法律规定应当予以免税的外国驻华使馆、领事馆和国际组织驻华机构及其有关人员自用的车辆；中国人民解放军和中国人民武装警察部队列入装备订货计划的车辆；设有固定装置的非运输车辆；城市公交企业购置的公共汽电车。为更好适应实际需要、便于相机调控，并体现税收法定原则的要求，草案还规定，国务院可以规定免征或者减征车辆购置税，但应当报全国人大常委会备案。

（五）关于退税。

为维护纳税人合法权益，草案规定，纳税人将已征车辆购置税的车辆退回车辆生产企业或者销售企业的，可以按照国家有关规定向主管税务机关申请退还车辆购置税税款。

此外，草案还对车辆购置税的纳税义务发生时间、纳税期限、申报纳税地点，以及税务机关和有关部门建立信息共享和工作配合机制等征收管理事项作了规定。

《中华人民共和国车辆购置税法（草案）》和以上说明是否妥当，请审议。

中华人民共和国耕地占用税法
中华人民共和国车辆购置税法

ZHONGHUA RENMIN GONGHEGUO GENGDI ZHANYONG SHUIFA
ZHONGHUA RENMIN GONGHEGUO CHELIANG GOUZHI SHUIFA

经销/新华书店
印刷/河北鑫兆源印刷有限公司
开本/850 毫米×1168 毫米　32 开　　印张/1　字数/9 千
版次/2018 年 12 月第 1 版　　2019 年 9 月第 3 次印刷

中国法制出版社出版
书号 ISBN 978-7-5093-9099-3　　定价：5.00 元

北京西单横二条 2 号
邮政编码 100031　　传真：010-66031119
网址：http：//www.zgfzs.com　　编辑部电话：010-66066621
市场营销部电话：010-66033393　　邮购部电话：010-66033288

（如有印装质量问题，请与本社印务部联系调换。电话：010-66032926）